AF414328

Autres ouvrages jeunesse de l'autrice.

Albums :

Mon copain Éthan est végane (illustré par Héloïse Weiner)
Nicolas, le bébé koala (illustré par Korrig'Anne)
L'arbre à chats (illustré par Isaa)
Charlotte sans culotte (illustré par Korrig'Anne)
L'enlumineur des étoiles (illustré par Astrid Bertin et Marceau Pradinas)
Éthan et les animaux (illustré par Scarlet Mila)
Regards (collectif)
Les tétées de Maïté (illustré par Isaa), à paraître en 2018

Romans :

Le voyage d'Antinéa
Les aventures d'Oxygène, à paraître en 2018

Ouvrages pour adultes à découvrir sur jeanne-selene.com

http://jeanne-selene.com
jeanneselene@outlook.fr
Illustrations et photographies : Jeanne Sélène, à partir d'images CC0
Jeanne Sélène, Saint-Brice, France

ISBN : 979-10-96202-25-6

Jeanne Sélène présente...
Les cloportes !

Le cloporte est un animal
de la famille des crustacés,
mais il vit hors de l'eau.

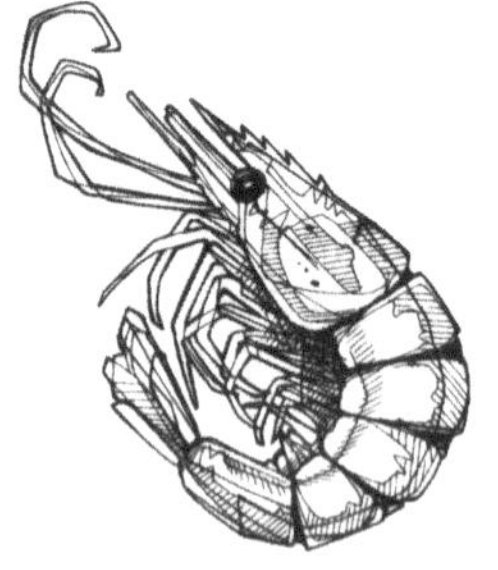

Les cloportes
mesurent seulement
un à deux centimètres et
vivent entre deux et quatre ans.

Le corps des cloportes
se divise en trois parties :
la tête, le thorax et l'abdomen.
Il est entièrement cuirassé !

Les cloportes possèdent

sept paires de pattes !

En tout, cela fait

quatorze pattes !

Selon leur espèce, certains
cloportes sont capables
de se rouler en boule
quand ils se sentent menacés.
Un peu comme les hérissons !

La femelle cloporte
pond des œufs puis
les garde dans une poche
jusqu'à maturation,
pendant un mois.
Un peu comme les kangourous !

Les cloportes se cachent

dans des lieux

sombres et humides.

Ils sont lucifuges,

c'est-à-dire

qu'ils fuient la lumière.

Il arrive que les cloportes

se regroupent

et certaines espèces

vivent même en famille,

dans des terriers !

Les cloportes se nourrissent principalement de végétaux morts et en décomposition. Parfois, ils peuvent se nourrir d'insectes ou d'autres animaux morts.

Les cloportes sont
des auxiliaires précieux :
ils aident les jardiniers
en participant au renouvellement
du sol et à son enrichissement.
Ceci grâce à leur alimentation.
Merci les cloportes !

Références bibliographiques :

jardin-a-manger.com

Allee W., _Animal aggregations: A study in general sociology_, University of Chicago Press, 1931

Vandel, Albert, _Les Isopodes terrestres, deuxième partie, vol. 66_, Office central de faunistique, P.Lechevalier Paris, Faune de France, 1962

Wikipédia